「知る権利」と憲法改正

知る権利ネットワーク関西●編

花伝社

「知る権利」と憲法改正◆目次

はしがき

知る権利ネットワーク関西　代表　**熊野実夫**

二〇〇五年一〇月二八日、自由民主党は、新憲法草案を公表しましたが、その草案の中で「表現の自由」を規定した第二一条の二（国政上の行為に関する説明の責務）の項を追加し、「国は、国政上の行為につき国民に説明する責務を負う」とする文言が盛り込まれました。多くの報道機関は、この文言を、「新憲法草案に『知る権利』が新しく規定された」という報道をしました。

「国民の知る権利」と「国民に説明する責務」は同じことがらを示しているのでしょうか？

「国民の知る権利」は、国民が政府に対して情報を求めることに重点をおいた考え方であるのに対し、「国民に説明する責務」は、政府が国民に情報を一方的に流すことに重点がおかれており、長く情報公開運動をしてきた私たちとしては、両者を混同したような報道は、報道を受け取る者に誤った考えをあたえるものであると考え、主な報道機関に質問を発しました。幾つかの報道機関からは回答がありましたが、それらの回答は私たちには満足できるものではありませんでした。

新憲法草案に「二一条の二」の文言があったことは事実でありましょう。しかし、その文言をもって「知る権利」が規定された、とすることは、記事を書いた記者、あるいは編集者の意見でありましょう。もっとも、新憲法草案の公表にさいし、自由民主党から、「この文言は『知る権利』を意味するものである」という説明があったのであれば、たとえば、「自由民主党の説明によれば、説明義務の規定は、知る権利の規定と同じ」というような記事にすべきであったと考えます。

私たちが、新聞などのニュースに日々若干の時間をさくのは、私たちの日常の生活における行動――たとえばこの場合であれば、この草案を作成した自由民主党を支持するかどうかといった決定――の基礎にできるような真実を知りたいからです。

ある新聞は、社の綱領の一つとして〝真実を公正敏速に報道する〟を掲げています。

ニュースと真実といえば、米国のジャーナリストW・リップマンの、岩波文庫にもはいっている名著『世論』の次の言葉を思い起こすべきでしょう。

ニュースと真実は同一物ではなく、はっきりと区別されなければならない。これが私にとってもっとも実り多いと思われる仮説である。ニュースのはたらきは一つの事件の存在を合図することである。真実のはたらきはそこに隠されている諸事実に光をあて、相互に関連づけ、人々がそれを拠りどころとして行動できるような現実の姿を描き出すことである。社会的諸条件が認知、測定可能なかたちをとるようなところにおいてのみ、真実の本体とニュースの本体が一致する。（W・リップマン著、掛川トミ子訳『世論』下二一四頁、岩波文庫）

この言葉を、新憲法草案にあてはめるならば、二一条の二にこの文言が入った経過を取材して、報道するのが、報道の真実を追究する報道機関の任務でありましょう。それはまた、権威者の説明を鵜呑みにすることなく、隠されている事実を知ることを求める「知る権利」の意図するところです。

「知る権利」を法律上どのように位置付けるかについては、国の情報公開法の立法のさいにも問題になりました。法案を審議した内閣委員会で、民主党の議員からの「まさに立法府である国会がきっちりと情報公開法の中で明記する必要があるのではないか」という質問に対し、当時の太田誠一総務庁長官は、

「私は、先ほどから申しあげておりますように国民主権という大前提のもとで考えれば、主権者である国民がみずからゆだねた行政権の執行についてその内容を知ることができるというのは当たり前のことだというふうに言っているわけでございます。

そこで、知る権利という言葉でございますけれども、私はそれほどこの言葉に抵抗があるわけではありませんけれど、何か大変一つの運動のキャッチフレーズのようにして使われてきたような印象も実はあるわけでございます。

要は、その言葉にこだわるのか内容にこだわるのかということだろうと思います。……この辺になりますと、私は、言ってみれば、メンツをそこでこだわるのかどうかということではないかというふうにおもっているわけでございます」

と答えました。

こうした問答の末に、情報公開法では、「知る権利」に代えて、「説明する責務」が法律の目的に掲げられることになったようです。メンツへのこだわり程度に軽くあつかわれたのですが、太

田長官が言う「当たり前」のことを法律的にはっきりと認めることを躊躇するのは、その言葉によって人々の意志と行動が導かれることを避けたいという思い、あるいは「知識そのものは力なるが故に」（F・ベーコン）であり、国民が力をもつことを好まないところからきているのではないでしょうか。

「知る権利」の権利という言葉にしろ、「説明責任」という言葉にしろ、わが国にはもともと重視されてこなかった言葉でした。外来の考え方を指し示す言葉である関係上、言葉だけが独走して、元の言葉に含まれている精神や背景が無視され、言葉の使用者によって自分に都合のよい解釈がされがちです。こうした言葉の意味を明らかにするとともに、国レベルでは情報公開法、地方自治体レベルでは公文書公開条例を使って、情報の公開をもとめてきた市民たちが、どのような情報を、何を目的として、情報を求めてきたか、その過程ではどのような困難に出会ったか、その成果はどうであったかなどの報告を基礎に、民主主義と自由の基礎をなす「知る権利」について読者の皆様と共に考えるために、本書を企画しました。

第一章 「自民党新憲法草案」とマスコミの反応に見る「知る権利」の現状

……………………………野村孜子

1 新聞社からの談話取材

二〇〇五年一〇月二九日朝、報道機関は一斉に、自民党が結党五〇年を機に憲法改正案に「知る権利」を盛り込んだ、というニュースを報じました。

このニュースは、私にはある新聞社からその二日前の二七日に届いていました。自民党が二八日に新憲法草案を発表するが、その中に「知る権利」が新しい権利として盛り込まれたので、それに合わせて市民の談話を掲載したい、ということでした。記者から、「二八日に条文が届くので当日の野村さんの予定はどうか」と問い合わせてきたのです。

そのニュースに、私は「信じられない」という気持ちでいっぱいでした。が、すぐに憲法第九条改正のカムフラージュだと察しました。「知る権利」が盛り込まれたとすればうれしいが、そうであれば、非常に辛いものがあるなあと思いました。それにしても、「よくもまあ思い切ったものだ」という思いが、つい口に出てしまいました。「まさか、蓋を開けたら『知る権利』が入っていないということではないでしょうね」と記者に念を押すと、「それはないと聞いています……」という返事でしたが、まだ信じられないという思いのほうが強かったのです。記者の質問と私の回答は、メールでやり取りすることを希望しました。口頭だけでは、記者らの捉え方によって、私の意図と違う表現で掲載されることがこれまで多かったからです。

二八日当日、記者から最初の電話では、「それが……ちょっと見当たらないんです……もう少し待ってほしい」と手元にある新憲法草案の条文の中に「知る権利」という文言が無いことをいぶかっているようでした。いつものことですが、コメントの取材は新聞発送の都合で時間に追われていることが多いためか、やっつけ仕事的なことが多いのです。このときも時間に追われているようで、「今、条文を読んでいるのだが、知る権利という言葉はない。ともかく新憲法草案をファクスで送ります」と言う。ところが、自宅のファクスの調子がよくありませんでした。最近はインターネットという便利なものができたため、ほとんど使用することが無かったので、修理を怠っていました。この大事な時にピーピーと鳴るばかりで、ファクスを前に四苦八苦しているところへ記者から催促の電話がかかってきました。ファクスの不具合を伝えると、相当せかされていたのでしょう、それではと「度々申し訳ありません。通信社の記事をご参考に送りますのでよろしくお願い致します」というメールとともに、共同通信社の次の記事を送信してきたのです。

自民党は二八日、現行憲法を全面的に見直し「自衛軍」の保持などを明記した新憲法草案を決定した。環境権など「新しい権利」を盛り込む一方で…（中略）…権利・義務では、現行の権利に加え、知る

権利など五つの新しい権利を明記。他方で、国民は「公益及び公の秩序に反しないように自由を享受し、権利を行使する責務を負う」…後略

記事中の「**明記**」という文字は強烈に私の中に入ってきました。それが、その後の私の思考能力を麻痺させてしまいました。というのは、後ろの部分に「**自民党新憲法草案のポイントは次の通り**」として、**▽知る権利　国は国政上の行為について国民に説明する責務を負う**」という文章はあったのですが、それはあまりにも「知る権利」という概念からかけ離れていたので見過ごしてしまったのです。うかつと言われればその通りです。それほど「知る権利」を盛り込んだという言葉が私にとってはすべてでした。記者からの質問メールにも「知る権利が盛り込まれたことについてどのように考えるか」という質問がありました。「知る権利」と言うことのみでコメントする、という断りを入れた上で、「評価する」という文章をメールで送りました。

二九日付朝刊の記事には、〈市民団体「知る権利ネットワーク関西」（事務局・大阪府堺市）の野村孜子事務局長（六八）は、国民の知る権利が明記されたことを評価。「情報公開は国の慈悲や温情、裁量ではなく、国民の権利として実施されるもの。憲法で明確に保障されていなかったから、必要な情報が得られない壁に国民は度々ぶつかってきた」と指摘した。〉という談話が載りました。

言い訳と受けとられるかもしれませんが、「評価する」と答えたのは、大げさに言えば私たち情報公開に携わってきた者としては、その明記は悲願と言っても良かったからです。

2　条文の中に「知る権利」が見当たらない

翌二九日、新聞朝刊には新憲法草案の全文が掲載され、規定された（盛り込んだ）とする新しい権利等が紹介されていました。恥ずかしいことですが、実は私は、規定したとあるのだから条文中に「知る権利」という文言がある、と思っていました。ところが「知る権利」という文字はどこにもありません。「えっ、おかしいぞ」と思いながら草案を隅から隅まで読んでみましたが、やはり「知る権利」と認められる条文はどこにも見当たりません。

「なんだ、これは？」と不安感が襲ってきました。これまで「知る権利」を導き出したものは憲法二一条の表現の自由でした。新憲法草案ではそれに二一条の二が追加されて「**国は国政上の行為について国民に説明する責務を負う**」とありました。では、「知る権利」が明記されたというのは、この追加された二一条の二のことなのか？

何度も何度も新聞を読み返した末、報道機関が、この二一条の二を「知る権利」と捉えているとの結論に達せざるを得ませんでした。もしかしたら、自民党が二一条の二の「国民に説明する責務」を「知る権利」だと説明し、それをマスコミ各社はそのまま報道したのではないだろうか。そんな疑念がわいてきました。あわてて事務局メンバーに電話を入れました。彼も同じ新聞を取っていたのですぐに見てくれたのですが、即座に「これは違う。知る権利ではない」と言い切りました。さらに、情報公開にかけては第一人者とも言える東京の奥津茂樹さん（元「情報公開法を求める市民運動」事務局長、現「NPO法人情報公開クリアリングハウス」常務理事）にも、早朝にもかかわらず、電話をしました。彼は、情報公開という新しい制度の確立を目指した運動の先駆者と言っても過言ではない人物です。草案は、二九日の朝刊に全国一斉に掲載されていましたから急いで新聞に目を通してくれたようで、少し時間がかかりましたが、返ってきた答えは「とんでもない。この二一条の二は、『知る権利』の明記ではまったくない。新聞社のミスリードだ」と驚き、これを重くとらえて「早急に報道機関に異議を唱えるメッセージを送る」と言ってくれました。彼にとってもこの間違いは重大な出来事であったに違いありません。奥津さんは、新聞社に投書（巻末資料）しましたが、採用されませんでした。

私は、近所を駆け回って二九日の入手できる新聞各紙朝刊をチェックしました。

朝日新聞　骨子　「権利・義務」国民の「責務」を盛り込む。新たに個人情報保護、知る権利、環境権、犯罪被害者の権利、知的財産権を規定。

読売新聞　骨子　プライバシー権、環境権、知る権利、犯罪被害者の権利などを追加

本文　知る権利については、「国は国政上の行為について国民に説明する責務を負う」との文言で規定した。

毎日新聞　ポイント　国の説明責任やプライバシー権、環境権などの新しい権利を創設

産経新聞　主張　一方で、新しい「権利」として知る権利や環境権などが追加された。

各紙には新憲法草案を全文掲載し、「知る権利を盛り込んだ」、あるいは「規定した」と報じていました。新しい権利について市民のコメントを載せたのは私に意見を求めてきた一社だけです。また、私が知る限りの報道機関で、新しく規定された二一条の二は「知る権利」ではない、と報じたところは一社をのぞき、ありませんでした。これは大変なことをしてしまったという思いと同時に、次の対策をどうしようかと頭が混乱してきました。

3　拒否された訂正要請

私の「本当の知る権利」を訴える悪戦苦闘が始まったのです。

翌日三〇日、記者に電話をして訂正をして欲しい旨を伝えましたが、断られました。いったん新聞紙上に出たものの訂正は、新聞社側によほどの落ち度が無い限り難しいことは分かります。しかも記者個人はともかく報道機関が新しい権利として「知る権利」が規定されたと信じているのだとしたら、私の願いは取り上げられるはずはありません。

正直に告白すると、私はほぼ二〇年近く情報公開という制度にかかわってきました。だが、果たして「知る権利」とは何だ、と問われると明確に答えることができません。いまだに分かっていないような気がします。

でも……、どうしても納得がいきません。理屈も言えませんし、理論的に説明もできません。しかしどうしても自民党草案の二一条の二の「説明する責務」という言葉は「知る権利ではない」

の思いが離れません。

この思いは何から来るものなのでしょうか……。

「感（勘）」としか言いようがありません。

「自民党草案には『知る権利』を規定していない」、という結論に達した以上、どうしてもこの間違いを正したかったのですが、先の記者とのやり取りにビビッてしまった私は今度は、メールでお願いしました。三〇日の夜のことでです。


昨日、また一昨日から色々とお手数かけています。

あれから、さらに何人かのメンバーや、文献、総務省の見直し検討委員会の議論等を参考にして考えてみました。さらに議論は重ねていかねばならないとは思いますが、現時点の結論として「自民党草案は『知る権利』を規定していない」という結論に達しています。二一条の二は「知る権利」を保障する条文ではないということです。国民の「知る権利」と政府の「説明責任」とは、相互に関係はあってもまったく異なる概念であると思います。主体がまったく異なります。

国民→政府、政府→国民と働きかけのベクトルが正反対のものだと思うのです。「知る権利」を実現させる一手段として、政府には国民に対する説明責任があると表現することが出来るだけだと思います。検討委員会のメンバーに「知る権利」の解釈あるいは定義に異論はあるのは承知していますが「説明責任」とは明らかに別ものと捉えています。

貴紙が「説明責任」を「知る権利」と捉えられたのは、良い悪いではなく、僭越ですが「違う」と申し上げたいのです。そして冷静沈着な読者からは、貴新聞の見識の甘さが問われかねません。また、私自身もまったく「理解していない」と受け止められるでしょう。「知る権利ネットワーク関西」のネーミング、存立基盤にもかかわるものです。

そこで切実なお願いを申し出します。

やはり、「訂正」もしくはたとえば「知る権利の明記に踏み切れなかった自民党草案」というような新たな記事の掲載をデスクと相談してもらえないでしょうか。

貴新聞社の見識にもかかわるものだと心底思います。ぜひぜひ、デスクと相談していただくようお願い致します。

要するに、どう考えても知る権利の明記したことを評価した私のコメントは間違っているので訂正したい、そのことをデスク（上役）と相談してほしい、と訴えました。

翌三一日朝、記者から直接電話が入りました。私のしつこさに明らかに怒っていました。

彼は、「新聞社からは二一条の二の条文を参考として送ったはずだ、それを見てコメントを書いたはずだろう。これが知る権利でないというのなら、なぜそのとき考えなかったのか」と逆に私の落ち度を強調されました。

最初の「知る権利」の明記という第一声があまりにも衝撃的であったから、ファックスの故障で詳しい条文を見ずに回答した、他社の配信記事を信用してしまった等々、言い訳はしたいのですが、間違ったのは私なのだから、私の落ち度です。結局は、新聞社としては「知る権利」は盛り込まれたと捉えているので訂正はしない、見解の相違をいくら話しても平行線だ、ということで私の必死の願いは取り上げられませんでした。

4　新聞社・通信社に質問書を出す

「知る権利」とは一体何なのでしょうか。
一般市民はともかく、大手を振って「知る権利」を主張する報道機関が、なぜこのような捉え方をしたのでしょうか。このことを重視した、私たち「知る権利ネットワーク関西」はグループの見解と要望書（巻末資料）を文章にして、「知る権利」を明記、あるいは規定した、と記事に書いた関西発行の四社（朝日、読売、共同通信、日本経済新聞）に質問書（巻末資料）を送付しました。だが、私たちの見解を認める、あるいは一考する、といった回答はどこからも返ってこなかったのです。

三社からの回答は次のようなものでした。日経からは回答がありませんでした。

朝日新聞社広報部

冠省
一一月一一日付でいただいた質問書に対して以下のように回答します。

自民党「新憲法草案」二一条の二は、もともと今年四月四日公表の自民党新憲法起草委員会「各小委員会要綱」のうち、「国民の権利義務小委員会要綱」中の「⑤追加すべき新しい権利規定」の項目に「a国民の知る権利（情報アクセス権）」として盛り込まれていたものです。

これがその後の「第一次案」では盛り込まれず、一〇月一二日の「第二次案」で修正、追加され、最終的な「新憲法草案」に残りました。

自民党内の議論の過程では、「国民の知る権利」の文脈から「国の説明の責務」が導き出されてきました。加えて、紙面では文字数が限られている事情もあったため、骨子では「知る権利」と表記しました。

ただ、「新憲法草案」の書きぶりでは、国に対して課した「責務」の反射的効果としての「権利」でしかない、いわば「半人前の権利」という位置づけに過ぎないのではないか、との問題は残ります。本来なら、まず前段において国民の「知る権利」を明示的に宣言し、そのうえで、後段に国の「責務」を置くべきではないか、との点は、私たちも認識しておりました。

一〇月二九日付朝刊一面本記の前文では、同様の書きぶりだった環境権について、「国の責務」という形で盛り込まれた、と説明しました。「知る権利」について、個別にそのような説明を加えなかったことは、スペースの制約があったとはいえ、不十分だったと思います。

今後の報道の中で、こうした点について、「知る権利」をめぐる議論の状況を含めた詳しい紹介をしていきたいと存じます。

ご理解をいただければ幸いに思います。草々

読売新聞東京本社広報部

回答書

冠省　読売新聞大阪本社経由で貴団体からの質問書を受け取りました。質問書の中でご指摘を受けた記事は当社が取材・出稿したものでしたので、当社より下記の通り回答いたします。

記

一〇月二九日付朝刊の記事は、自民党が発表した新憲法草案を紹介するストレートニュースです。草案の各条項についての説明も、作成当事者である自民党がどういう意図で盛り込んだのかということを読者に紹介するものです。

自民党は、「国民の知る権利」を情報アクセス権ととらえています。その情報アクセス権について、「国民の権利」でなく「国の責務」として規定した理由については、「そういう書き方にした方が、憲法で定めるときに重みを増す。権利と書いた方がいいかどうか検討した結果だ。（憲法の名宛人は）国であり、主体と客体を逆にした方がより明確になる」などと説明しています。

自民党の意図がそうである以上、自民党草案の条項に「知る権利」が盛り込まれていないと決めつけることはできないと判断しております。

ただ、憲法改正をめぐる議論において、国民各層から様々な意見が表明されていることも承知しており、議論を一層活発化させるためにも、今後の紙面においても国民の多様な意見を紹介していきたいと考えています。

共同通信社

一、共同通信社は一〇月二八日、自民党がまとめた新憲法草案に関する記事を配信しました。「知る権利」との表記については、自民党側の説明に従い新たに盛り込まれた権利として、記事中で紹介しました。

二、ご指摘の通り、草案は知る権利を「権利」として明記したわけではなく、「国は国政上の行為について国民に説明する責務を負う」としているに過ぎません。自民党側の発表内容を紹介する観点から、項目としては「知る権利」としましたが、同時に配信したサイド記事で「権利規定にしては弱い」ことなどその問題点を指摘、草案全体は自民党がいう「公益重視」の内容となっていることを、読者に強調する内容になっていると考えています。

三、知る権利は基本的人権の一つと考えており、報道機関がその扱いに敏感でなければならないのはもちろんのことです。報道に際しては、今後も問題点を的確に読者に指摘していく方針です。

共同通信社　　総務部次長
　　　　　　　政治部長

朝日新聞の回答は、記事で「知る権利」と表記したことについて、「文字数が限られている」ことを最大の理由にしています。読売新聞は、自民党の考え、説明をそのまま掲載したことを理由にしていますが、全面的に自民党の意図を擁護していると言えます。共同通信は、「知る権利ネットワーク関西」の見解を認めたとも、認めないともはっきりしません。質問にきちんと答えていないと思いました。

5 マスコミの思いこみ

私たちの自民党新憲法草案に対する懸念は、政府の「説明する責務」がどこまで実行されるのだろうかということです。政府に都合のよい説明になりがちではないだろうか。国民が想定できなかった事実にまで踏み込んで説明がされるのだろうか、恣意的な説明が行われないだろうか、ということです。そう考えると、政府の「説明する責務」という言葉がいかに不安定なもので、到底、基本的人権としての「知る権利」を保障するとは思えません。

僭越ではありますが、私には、マスコミの方が認識を誤っているとしか思えません。こうした思い込みが、恐らくその後の記事や、市民の考えを誘導していくのではないかと思いました。たとえば、東京新聞（二〇〇五年一〇月二九日）には、田島泰彦・上智大学教授（メディア論）の次のコメントが掲載されていました。

「情報公開法を制定する際『知る権利』という言葉を盛り込むのに反対したのは自民党。衆参両院の憲法調査会でも、国を縛るという憲法の役割を無視したメディア規制の議論ばかりだったのに」と疑問を提示。国民にはまだ九条改正の抵抗感が強い。田島氏は「抵抗感を薄れさせるために、受け入れやすい新しい人権を強調している気配がある。動機が不純だ」と指摘した。

田島教授が指摘されるように、九条改正の抵抗感を薄めさせるために、新しい人権が盛り込まれたことを強調し、その新しい人権の一つに「知る権利」が盛り込まれたかのような印象を国民に与えるものではないかと思います。

恐らく自民党側が「知る権利を明記した」と力説したのでしょう。だからこそ、我が国の憲法が変わるかもしれないという場面で、報道機関として法律学的な検討もせず、発表されたままを記事にしたのなら、それこそが大問題ではないでしょうか。私としては、自民党の新憲法草案は「知る権利」を明記していない、ということとともに、報道機関の感度の鈍さ、認識の甘さを指摘したかったのです。

その後、私のコメントを載せた新聞社から「知る権利」についての私の考えを展開するコーナーを提供する、という申し出がありました。がなぜか、そのコーナーは大阪本社圏内（関西地域など）にしか掲載されませんでした。

「知る権利」は、人が人として本来持つべき基本的な権利です。説明する責務ごときの言葉で担保されるような権利では決してありません。「知る権利」を基盤としているはずの報道機関は、今後持ち上がってくるであろう憲法議論に際し、確かな知識を蓄える課題を求められています。そのことを私は期待したいと思います。

視点 関西スクエアから

「説明する責務」とは別

知る権利 憲法に明文化を

憲法改正を巡る議論は、第9条が中心になりがちだ。だが、「知る権利」など新しい権利の動向にももっと関心を持つべきだと、「知る権利ネットワーク関西」の野村孜子事務局長は指摘する。

昨年10月末、自民党は新憲法草案を発表した。改憲の第一の目的は自衛軍に関する9条の2の新設だと思うが、それと引き換えであるかのように、国民の権利・義務の章に「環境権」「知る権利」などが新たに規定された、と報じられた。だが、私は本当に「知る権利」が盛り込まれたと言えるのか、大きな疑問を感じている。

自民党草案は、21条（表現の自由）に加えて「国は、国政上の行為につき国民に説明する責務を負う」という21条の2を新設しただけである。

野村　孜子さん

のむら・あつこ　37年生まれ。主婦。自宅が地上げにあったことから住民運動を始める。知る権利ネットワーク関西は88年設立。

私は、国の「説明する責務」は「知る権利」ではないと考えている。「説明」という行為には、説明すべき事項の選定などに説明者の恣意が入りやすい。「責務」は法律上の義務とは異なり、職務上の努めとして、説明する側の裁量にすべてが委ねられるということだ。仮に「説明する責務」に基づき情報が公開されても、それは「知る権利」によって得られたものではなく、国の恩恵や政策により供与された情報に過ぎない。そういうものから国民の「知る権利」が保障されるわけがない。

自民党が「知る権利」を本気で位置づけようとするなら、基本的人権の一つとして、憲法に明文化すべきである。

「知る権利」とは、あらゆる情報が身の回りを自由に飛び交い、容易に手に入り、それをもとに自分の考えを自由に伝えることで、人が人らしく生きられるという権利である。それは憲法21条で規定する表現の自由の基盤となっていると言える。また、この権利は国民主権の根幹をも成す。主権者として統治に欠くべからざるものが情報であり、それを担保するのが、情報請求権としての「知る権利」である。国民が主権者である限り、憲法で保護される権利でなければならないのだ。

「国の説明の責務」という紛らわしい言葉を使い、新しい権利を盛り込んだかのように表現し、そのトリックを報道機関は指摘できなかった。私の所属する「知る権利ネットワーク関西」が複数の報道機関に質問書を送ったところ、「知る権利が盛り込まれていないと決め付けることは出来ない」「国民の知る権利を明示的に宣言すべきだとの認識はあったが、説明が不十分だった」「自民党側の説明に従い紹介した」などとする答えが返ってきた。

「知る権利」を基盤に、表現の自由を守ることを目的とするはずの報道機関が、「説明する責務を負う」ごときの言葉をもって「知る権利が盛り込まれた」と書いてしまうとしたら、あまりにも認識が低いと言わざるを得ない。まさに表現の自由の危機である。（寄稿）

朝日新聞　2006年1月24日

第二章　憲法改正と「知る権利」

…………………………奥平康弘

（二〇〇六年一一月一一日、大阪府立労働センターで）

1　自民党は「知る権利」を憲法に明記する？

情報公開制度のような新しい制度を作る過程では、当然いろいろな衝突が生じます。客観的な状況が変わったり、今まで遭遇しなかった問題にぶつかったりします。そうした困難を乗り越えた先に、気がついてみたらある程度きちんとした制度ができあがってくるのです。しかしそれには、「民主主義とは何か」「国民の権利と基本的人権とは何か」ということが否応なくついてきます。

今日の問題で言えば、二〇〇五年一〇月に自民党が発表した新憲法草案です。新憲法草案は、「表現の自由」の中に「国は国の施策について説明する責任がある」という条文を押し込めようとしています。ところが、困ったことに、マスメディアは、「かの自民党も憲法の中で『知る権利』を明記することになった」といった余裕を持った総括や解説をしているのです。これをどう評価するかは、皆さんが取り組む情報公開制度の再確立にとっても重要であり、そのあり方について、やや抽象的、理論的にお話ししようと思います。

法律学者は主に、国や地方公共団体による情報公開制度の制定過程、あるいは情報公開法または情報公開条例を運用する中で出てくる様々な具体的な問題を解説しています。ですが、その背後にある、その原動力となるべき理念に立ち返ることも重要です。すなわち、具体的で現実的な諸問題と、抽象的で規範的な理念を行ったり来たりすることです。そして、何よりも、「行ったり来たりする」のは皆さん方であるということが重要なのです。

2 現憲法は我々の闘いの成果である

安倍晋三氏が、二〇〇六年九月の自民党の総裁選を経て総理大臣になるまでに、「今の日本国憲法は外国製である、日本人の手で日本の憲法を作ろう」と述べた言葉に僕は注目しています。政治的に言い古されたフレーズですが、僕は、「九条の会」が読売新聞に載せた意見広告の中で安倍流の「外国製だ」という断定に対する反論を述べました。「今の憲法は、私たちが保守反動勢力と対抗しながら守り育ててきたものである」と。外国製とは言いきれないことを言い表したのでした。今の憲法で変えたいと思う部分はいろいろあるけれども、現憲法は「我々の努力と、知恵と、闘いの成果」である、という側面が紛う方なくあるからです。

ここにお集まりの皆さんは八〇年代から運動を展開されていますが、日本国憲法の理念、国民が主権者ということが出発点だと思います。それは、「基本的人権」と同時に、国家や地方公共団体という「政治コミュニティー」との関わりで成り立つものです。さらに凝縮すると、「知る権利」という言葉で語られる理念とそれを反映した制度は、その両方に関わり、民主主義の制度を主体的に作り上げていくものということです。

3　政治資金収支報告書の閲覧とコピー

僕が、「知る権利ネットワーク関西」の初期段階で関わったのは、政治家や政治団体が提出する政治資金収支報告書の問題でした。「政治資金規正法」には、同報告書はだれでも閲覧できるという規定があります。メンバーの野村孜子さんは、大阪府の情報公開条例を使い、大阪府選挙管理委員会（府選管）に「報告書の膨大な資料は見ただけですべてがわかるようなものではない。コピー、写しをさせてくれ」と開示請求しました。府選管は「法律には書いてないが、この要求はまっとうかも知れない」という感触を持ちました。「閲覧」と書いてあるけれども、今の世の中では「コピー」と「閲覧」はほとんど同じだろうと考えました。一応、中央（自治省）に打診してみることにしました。すると、自治省は「コピーはダメだ」と言いました。市民の方は、憲法の理念に基づいて行動したのですが、向こう側（国）は拒否する解釈を当然のこととしていたわけです。我々はけしからんと考えましたが、「霞が関」はそうとは考えなかったのです。

我々は、「知る権利」の延長線上に、「閲覧」だけではなくて、コピーしてそれを何回も見たり、人々に回したりすることがあるのは当たり前と考えました。ところが、向こう側は、各政治家や政治団体が、公的なある種の目的のために、府選管に対して報告したものであり、その管理や運営はすべて行政内部の問題である、と言ったわけです。こうした考え方は、古い行政法の言葉で「公物法」と言います。公のものをどう処理するのか、という権限、すなわち公物管理権はすべて中央政府（霞が関）にあるというわけです。

法律（政治資金規正法）が「公開する」としているから公開はするが、法律に書いてあるのは「閲覧」だけ。それ以外何も書いてないから、最低限度の「閲覧」はさせるが、それをどのように見せるのかは、行政官庁が本来持つ「管理の自由」の範囲、つまり、公物法に基づく公物、行政上の財産の使い方の問題であるという理屈なのです。私たちが習った行政法ではそうだったのです。「閲覧」はいかなる意味でも「コピー」を含まないと考える背後には、こんな古い行政法の解釈があるのです。なぜそんなことを言うのかというと、それが今でもあるからなんです。行政側には、行政文書にアクセスする権利は市民の問題であるという視点が欠けているからなのです。

4 「霞が関」を支配する「裁量」という観念

一九九九年に制定された国の情報公開法、政府が保有する行政文書を開示する法律ができたことで、政治資金収支報告書はようやくコピーができるようになりました。開示方法として「閲覧」と「写し」が当たり前に行われるようになったのですが、「霞が関」的観念、「この文書は我々のために作った文書で、我々が使うためのもの」という発想は抜けきれていません。明治時代からずっとそうだったし、戦後も変わらずに残った。しかし、少なくとも文書管理については違うのではないか、という話がようやく出てきた段階にあると思います。

似たような例はたくさんあります。例えば、図書館です。国会図書館や、地方の公共図書館はそういう問題はあまりない。図書館の係員でも、市民的な感覚のある人は、これは皆さん方の書物ですから、皆様方のご都合のいいようにお見せします、皆さん方にご意見を伺いながら制度を作ります、という姿勢ですが、それを切り崩そうという動きがウンザリするぐらいあります。文書や図書の管理権という観念を行政側が持っている。それに対し、図書館の利用者は、単なる政治的要求としてではなく、図書の閲覧は市民の権利であると主張しています。図書館の自由とは、「知る権利」の問題と無関係ではありません。

ある人が権利を持つことは、対抗する官庁（霞が関）に義務が生まれるということです。逆に権利がない場合は、官庁側の「裁量」ということになり、官庁側がある意味で好き勝手ができることになります。法律は、「裁量」に対してある種の歯止めとなりうるが、「霞が関」の中では、本質的に「裁量」という観念が支配しており、時折作られる法律が明示的に「権利」を付している場合、それ限りの特別の権利にすぎないと考えるわけです。

5　情報支配との闘い

　実は、少し異なる問題に関わっている市民グループとの意見の交流の中で、図書館を含めて情報が官庁に管理されていることに対し、イニシアティブを取り返そうという活動がものすごく必要だと思うようになりました。官製民主主義でない以上、そのような権利の観念を背後に置きながら運動を進めていくべきだと思っています。それは、「霞が関」的な思考に対抗し、それを切り開いていくのは他の何者でもない、我々だということです。黙っていたら、向こう側は従来からのやりかたを改めるということをやりません。

「霞が関」は、こうした市民の取り組みを個人的な興味、個人的な関心に基づくものとみなして、ブッツリ切った形で捉えているのです。あなた方は、興味を持っていることをやって下さい。我々は、我々の立場で公共的なものを管理しますというわけです。これに対して、「いや、公共的ということは『私』の問題なのだ」というふうにぶつかっていく展開が八〇年代あたりから、ようやく、少しずつ見えるようになってきました。それは、日本国憲法の施行以来の約六〇年間に、我々が作ってきたものなのです。けっして「霞が関」が与えてくれたものではない。向こう側はいやいやながら、すごいスローペースでそれ相応の制度を作らざるをえなくなってきたというわけです。

　一九六五年制定のアメリカ合衆国情報自由法は、第二次世界大戦中にジャーナリストたちが政府と、情報の取り方や公表の仕方などで紳士協定を取り結んだことと関係があります。戦争中の米国は、法律で報道を抑圧することはしなかった。第一次世界大戦では、抑圧的でものすごく評判が悪かったので、第二次世界大戦では、ジャーナリズムとの間で、権力的ではなく、相談しながらやっていこうということでした。しかし、報道や取材の仕方には厳しい制約があり、ジャーナリストらは我慢を重ねていました。ジャーナリストらが戦後すぐから、「もう我慢できない。憲法から見てきっと何かがあるはずだ」と考えたのが、米国の「知る権利」運動の始まりなのです。同時に国際連合ができ、国際的にもいろいろな話が出てきた。そういうことから始まって、米国では制度が着々とできあがってきていたのです。

6　サイドステップした沖縄密約事件

一方、日本では、七〇年代初め、沖縄返還をめぐって日米間に密約があるという情報を、ある新聞記者がつかみました。外務省の女性事務官を籠絡して国家の秘密を入手したとして、記者を有罪にした事件がありました。記者は女性職員と情を通じた、というポイントを攻められ、一審、二審、三審と判決は微妙に違うものの、最高裁は、情を通じるという情報の取り方は間違いだと判断しました。これは、ある意味で争点ぼかしです。「国家の秘密とは何か」「国家の秘密がとことんまで行くとどうなるのか」についての言及がない。僕に言わせれば「サイドステップ」した、問題点をパッと脇に置いて終わってしまった事件でした。「米国ならば『知る権利』を主張する市民運動が出てくるはずだ」と当時思いました。しかし、あまりにも政治的で、日米間の神経質な問題だということであったのか、日本では散発的な運動にとどまり、大きな市民運動になりませんでした。

そうした問題をいち早く拾って運動し、情報公開制度を作っていったのは、国ではなくて地方公共団体レベルの住民でした。そのころ、環境破壊、消費者、教育などについての行政の問題がいろいろ出てきて、本当に市民の運動に勢いがありました。「憲法に則って」をスローガンに、行政側が一方的に仕切る現状に対し、こんな問題があるではないかと運動を展開しました。その中で、「行政が何をしているのかを見せて下さい」と、行政が保有する情報の公開を求める必要が出て、八〇年代にそれが大きな動きとなり、地方公共団体による情報公開条例になっていきました。いろいろな意味で米国の情報自由法の影響を受けてきたわけです。だが、「霞が関」はガンとして譲らなかった。日本の情報は公開していると大威張りで、そういう法律を作る必要はない、という姿勢だったのです。

7 「資本主義のための情報公開」？

個人的な話になりますが、実は一九八〇年代に二年間ほど、アメリカ合衆国にいました。過去の歴史を振り返ることも含めて、米国の情報公開立法は今、どういう地点にあるのかを調べるのが目的でした。しかし、米国らしく情報公開制度を民主主義的に活用するという展開がある半面、八〇年代になると、ライバル会社が連邦政府に提出した文書を見せろ、という訴訟が花盛り。単純化して言うと、三菱やトヨタが日産の文書を見せろというようなものです。政府がライバル会社の情報をたくさん持っているということで、本来「民主主義のための情報公開」のはずが「資本主義のための情報公開」になってしまいました。当時の日本に情報公開の立法はなかったが、将来そうした問題も起こると予想して、民主主義のための制度が、資本主義のために使われている実態をこの目で確かめようと考えたのです。

フルブライト奨学金をもらうため、奨学金の運営事務局で口述試験のようなものを受けた時、試験官に「あなたは何を勉強したいのか」と聞かれました。当時の日本で情報公開立法があるのは地方公共団体だけ。試験官の一人が「日本の情報公開法はいつ頃できるのか」という質問をしました。僕が「少なくともあと一〇年かかるでしょうね」と言うと、試験官たちから「エッ、あと一〇年もかかるんですか。どこにそんな問題があるんですか」と聞かれました。実際は九九年に成立しているわけですから、ほぼ二〇年かかったわけです。

そのころ、地方公共団体レベルでは、情報公開は滔々とした一つの市民運動であり得たのです。でも「霞が関」はガンとして動かない。「あれは米国のような連邦制国家だから必要なのだ」「英国のような議院内閣制の国は、行政情報を議会に公開しているから関係ない。日本も議院内閣制だから内閣が持つ情報は議会が要求すれば出るので、わざわざあんな制度は要らない」。ノルウェー、スウェーデンなどのスカンジナビア諸国や、ニュージーランドの情報公開法については、「小国でまとまりのある国だから必要なのだ」とか、今から見ると他愛のない話が続いていました。

しかし、八〇年代には、米国の資本主義化した情報公開制度を使って、日本の自動車会社や保険会社、金融会社が訴訟を起こし、判例が続々出てきていました。日本がこのままでは困るという話から、二〇年かかって日本に情報公開法が出来たのです。それまでの日本は、単に政治の力の問題だけではなくて、日本人の思考方法の中に双方馴れ合うといった部分があるためなかなか社会全体の動きにならず、せいぜい地方公共団体の試みを高みの見物をしていたという状況だったのです。

8 「知る権利」のない情報公開法

話は飛びますが、地方公共団体の情報公開条例も、国の情報公開法もみんな行政官庁が、現に使いつつある文書に対象を限定する形になっています。今生きている必要な情報だから、国民の皆さんは見るでしょうということです。要するに、公開対象は日常行政に関わる文書に留まるという考え方です。情報公開法の対象は「行政機関が保有する」情報とされている。行政改革で、文部省の管轄だった京都大学や大阪大学が独立行政法人になりましたので、情報公開法を手直し、独立行政法人にも適用される新しい法律を作りました。がそれらは、情報公開法は「知る権利」の反映ではない、という理解のもとにつくられた法律なのです。情報公開法制定の過程で、国民の「知る権利」を盛り込むべきだ、地方公共団体では「知る権利」のある条例はたくさんある、「なぜ中央で入れないのか」という議論がありましたが、このことが行政に関するものに限るとされた要素の一つになりました。

だが、民主主義は行政だけに関わるものではない。公権力、国家権力の機構には、司法や議会も入る。より高みに立って、国家権力との関係で「知る権利」を論じれば、行政だけでなく司法や国会にも及ぶという話になっていく。そういう流れを何とか阻止したいという考え方が、依然としてあるのだろうと思います。司法や立法に関する「知る権利」の問題は非常に微妙な点もあるのですが、向こう方は、それをせいぜい行政のプロセスだけに止めたいという願望があるに違いないと思われるわけです。

9　刑事確定訴訟記録法の問題点

一つの事件で裁判所が刑罰を科す判決を出すまでに膨大な訴訟記録があります。判決は、その比較的簡潔な、エッセンスを書いたものです。だが、僕たちには、これらの裁判記録についての「知る権利」はありません。被告人のプライバシー問題などもありますが、刑事裁判であることを理由に国民と関係ないと簡単に言われてよいのでしょうか。国家がどのように事実を認定し、どのような判断で結論に達したのかという裁判記録を、裁判を後から知った人が「見たい」ことは大いにあり得ることです。とくに刑事事件は、過去に遡って裁判記録を見る必要がある。これについての「知る権利」の運動を展開してきた弁護士もいて、長い時間をかけて「刑事確定訴訟記録法」が制定されました。確定した刑事事件の裁判記録のうち、死刑などは長期間保存しなければならない、刑が軽い場合も保有すべき期間を定めています。その範囲内であれば公開なのですが、非常に特殊な制度です。公開をどこまで要求できるのか、保有期間を何年間にすべきか、どこからどこまで記録するのかなど、微妙な問題があるのです。民事となると、もっと違うことがあるかも知れません。

なぜ、こんな話をするのかというと、戦前一九三〇年代半ば、関西のある都市でキリスト教系の活動をしていた人が、辻説法で天照大神の悪口を言ったため不敬罪に問われた、満州事変の直後あたりの事件があるからです。この人は特高に捕まり、有罪判決を言い渡され、刑務所に一年足らず閉じこめられた。自宅は戦災で焼けて判決など一切の記録が消えてしまった。その娘さんが父親の足跡をたどろうとしたが、肝心の判決は一審、二審、三審とも入手できない。父親は記録をきちんと書く人で、記録はある程度あったが、判決文の写しはなかった。判決文が今も存在するのかどうか、娘の私がそれを見ることができるのか、どこへ行けば見ることができるのかなども一切わからなかったのです。

10 役人たちは相手を見る

僕は、最高裁判所がこの辺の情報の相談窓口になってくれると思ったので、ともかくも最高裁に問い合わせてみるように助言しました。その結果、刑事記録は原則として地方検察庁にあると言うので、彼女は管轄の地方検察庁にアクセスしてみると、文書があるのかないのか、から始まって、どのような利害関係があるかなどの説明を強いられました。現在は関東に住む彼女にとってそのやりとりが大変でした。ようやく、検察庁が、文書があるのであなたに特別に見せましょうということになり、彼女は関東からやってきました。ところが、閲覧は許すが、コピーを取るのはもってのほかというのです。関東から関西まで来て、何日もかかって必死に見るにしてもあまりにも膨大だから他人に写してもらっても良いかと尋ねたら、渋々、「いいでしょう」ということになったのですが、かなり厚い文書です。ここでも、閲覧はできるけれどコピーはできないというのが、ガンとしてあるわけですね。

あのすさまじい明治の権力の背後にあった枢密院顧問官たちの会議録は、戦後ある時期まで門外不出でした。戦後、断片的なものが発表され、最近ようやく出版社が復刻版を出すようになった。僕の聞いた話では、あるジャーナリストが、代議士の紹介をもらって治安維持法の成立過程の会議録を見せてもらった。行ったらびっくり仰天、鉛筆だけで写せ、他の人には見せないでくださいということでした。毎日、会議録を写したんですが、コピーはガンとして許さない。つまり官庁側は、我々の裁量として見せてあげるんだから有難く思えと言わんばかりの扱い。これが、僕の研究者として初期段階では当たり前だったのです。

先程、文書を管理する側の保有の問題、裁量の問題だということをお話ししましたが、戦争末期、札幌のあるキリスト教の元牧師がとんでもない言いがかりで言論出版関係の臨時取締法の違反で捕まり、有罪になりました。一審、二審判決は戦後どこからも公表されていない。それらを見たいと思い、僕は、その裁判を管轄した地方検察庁に電話をかけ、長い文章を書いて送りました。それが認められて出かけて行くと、もうちゃんとコピーを用意して待っているのです。つまり、僕に対しコピーを拒否し、ここで書き写しなさい、閲覧しかさせません、といった扱いをすれば、「あいつ、うるさいだろうな」という判断があったに違いない。裁量とはそういうものなんです。一般国民とは違う扱いをされてありがたい、という気分にさせられる。「刑事確定訴訟記録法」は、汗水たらして達成された、ある種の切り方ですが、民事ではどうかなどの問題がたくさんある。でも、少しずつ少しずつ変わっていくでしょうね、変わらなくてはいけません。

11　まことしやかな「説明責任」

一九九〇年代の終わりに情報公開の法律を作るとき、第一条の目的規定に「知る権利」を盛り込むかどうかという議論がありましたが、制定された情報公開法の条文は、断固として「知る権利」という言葉を使わず、自民党の新憲法草案と非常に似たものになりました。「行政機関の保有する情報の一層の公開を図り、もって政府の有するその諸活動を国民に説明する責務が全うされるようにするとともに、国民の的確な理解と批判の下にある公正で民主的な行政の推進に資することを目的とする」となり、「国民に説明する責務」が政府側にあることがうたわれました。

自民党新憲法草案の第二一条の二は「国は、国政上の行為につき国民に説明する義務を負う」と、「情報公開法」とほとんど同じポジションで、国民には権利がないのを前提とした言葉づかいにしています。国民の要求に応えず、サイドステップして、まことしやかに「説明責任」という言葉を使う。民主主義のもとでは、権力を行使する側が、ある種のサービスを国民または消費者、相手方に提供する場合、その事務に関わる人は、「なぜそうしたのか」を説明する責任がもとよりある。そこには、ある種の利用関係、契約関係が成り立っており、それは英語で「アカウンタビリティー」という言葉で語られています。

一九九九年の段階までほとんど使われなかった言葉でした。相手方には権利はないが、われわれの側には一応説明する責務があるという言い方になります。レスポンシビリティーは「責任」と訳し、これは相手方になんらかの権利、わが方にはその権利に対して、例えば「賠償責任」という用語でわかるように、権利に応ずるなにごとの義務を負うばあいに使われます。「アカウント」とは「何かを託する」という意味で、託された方がそれなりに何かをする立場にある。つまり、託された側が説明するという一般的な責務です。説明するぐらいの責務はあるはずだという関係でしょう。僕の理解では、それは関係が成り立つための必要最小限度の要件、そうでなかったら関係が成立しない基本的な姿勢という、おそろしく抽象的なものです。これを、自民党が今さらのごとく出したことに僕は唖然としました。

12　「新しい人権」の落とし穴

自民党の新憲法草案では、環境保全の責務を語ったり、犯罪を被害者の権利が保障されるとか言っているところがありますが、条文を読めば、全然そんなものではない。マスメディアはこれに対してもある種の好意的な解説をしていますが、せいぜいアカウンタビリティー程度のものなのです。「その尊厳にふさわしい処遇を受ける権利がある」と言っても内容がありません。確かに「権利」という言葉が入っています。二一条の二とは違い「権利」という言葉があるから良いと、飛びついた人たちがたくさんいます。今まで無視されていた被害者に「ふさわしい処遇を受ける」権利があると言っているというわけです。難しい問題を抱えながら、ようやくここまで来た人にめがけて「新しい人権」という言葉を使う。とんでもないものだと思いますが、そんなふうに読まない人も多いのです。マスメディアも、それが持つ「落とし穴」を指摘していません。

「知る権利」は、既存の法体系を組み替え、組み替えしていく過程で、その基盤は相当程度できあがってきているのだと思います。その過程の中では、さまざまな法観念が「知る権利」に対して敵対的でした。神奈川県の住民が情報公開条例に基づいて開示請求しましたが、認められなかったので、訴訟を起こし、地方裁判所にかかりました。研究者も期待して眺めていたら、驚くことが起こりました。ちょっとショックでした。横浜地裁が「情報公開条例ではそんなことはできない、やるなら法律でやる他はない」という理由で実体審理に入らずに却下した（一九八四年七月）のです。さきほど「霞が関」（国）が何もしてくれないから情報公開条例が作られたという話をしましたが、裁判官が、国が持つ法の考え方「リーガルマインド」を再構成しているということがわかったのです。それは、「住民」という資格だけで地方公共団体に対し訴訟を起こすことは法律上できないという理屈です。つまり、「私」が訴訟を起こす場合、法律や条例に違反しているからという理由だけではダメ、つまり訴訟を継続するには、「地方住民一般」という資格だけではダメだという考え方です。住民や国民という一般的・抽象的な資格に基づいて訴訟を起せるのは、「法律の定めるところにより」といった、それをバックアップする法律がある場合に限る、というわけです。一般的・抽象的な国民、住民という資格だけで起こす訴訟を、僕らが習った行政法では「民衆訴訟」と言います。法律が許すそうした資格は数少なく、そのうちの一つは「選挙民」です。当選や選挙の無効を請求する訴訟が起こせます。しかし、そうではないと、「あなた」とどんな関係があるのか、あなたの権利はどうなのか、を問題にするリーガルマインドがあるのです。つまり、一般的な市民が、一般的な行政について訴訟まで持っていくことはできない。法律の規定に基づきこうした資格があるということを言わなくてはならない。「民衆訴訟」という法概念に固まっている例は、今でもウンザリするぐらいあります。

情報公開条例は、請求権者を「県民」や「市民」としていますが、横浜地裁は、県民とか市民とかいう一般的な資格で訴訟までいけるのか明示的に原告たる資格を認めるのは法律だけという理由でバッサリ切りました。さすがに、行政法の専門家も裁判所（東京高裁）も「それはおかしい。情報公開条例を根拠に非公開処分は違法と訴えることができる」ということになり、横浜地裁の判決はみんなから馬鹿にされました。そんな法の技術的解釈は許されないという時代にようやくなってきました。アメリカの情報自由法も情報公開請求権者の資格は「何人も」です。国籍も問わない、そこに住んでいる必要もない。それを受けて日本は条例でやったわけですが、「裁判にしたら話が違いますよ」というリーガルマインドを持つ裁判官がいました。それを地方レベルで打ち破ったわけです。

13　個人の尊厳と「知る権利」

僕は、国家権力を市民の「知る権利」の主体に対する義務者と考えます。これは憲法の構造に基づく民主主義の理念ということです。最近、これが憲法一三条の「個人の尊厳」も密接に絡むのではないかと気がつき始めたわけです。民主主義に関わって活動することは、私の生き方、私が尊厳な存在なんだ、共同体のメンバーとして、社会の参加者として生きていくことです。そういう生き方も個人の自由に関係し、個人の人格に関わるものだと考えるようになりました。

あるメッセージを社会に発信するには、メッセージを作る過程で、どこかからその表現の対象にあるメッセージを持ってこなくてはなりません。簡単に言えば、それが表現をしようとする主体の「知る権利」です。国家や地方公共団体と市民との関係で、市民がメッセージを発信するには「発表する自由」とともに、そもそも発表する前に「何を発表するか」についての情報を集めることが前提になります。最近では、情報を持つ人に近づき入手するという意味で「アクセス権」と呼ばれるようになってきています。それを実質的に意味あるもの、表現に値する意見として形成していくためには、知りたいことに接近できる情報の流れを自由にすることが必要です。我々が「自由にして豊かな」情報の流れに接近して、そこから欲しい情報を入手するという仕組みがなければいけません。例えば、厚生労働省に関係する情報の泉に接近し、そこで何かが得られて、そこで自分の認識を作り価値判断をして発表する、社会や行政に物申すという還元ができるというわけです。

しかし、多くの憲法学者は、「情報を発表する自由とは、国家によって邪魔されないという消極的な権利である」と考えています。ようやく、行政法学者も憲法学者も「霞が関」も、「情報を受け取る側も邪魔されてはならない」という「情報を受け取る者の側の自由」を認めるようにはなりました。情報を発信する自由、受信する自由。さらに相互発信、いわゆる情報の交換が行われ、コミュニケーションが成立する。「表現の自由」はコミュニケーションの自由というところまでようやく来たわけです。これらは戦後、構築されたもので、僕が子どものころは、そんなことは誰も知りませんでした。ただ内務省や文部省が管轄する、という仕組みがあっただけでした。

このようにして、「表現の自由」が膨らんできた過程があったわけです。例えば、マスメディアの取材活動は「人々に知らせるためには」という意味の「知る権利」です。「表現の自由」や「報道の自由」は、何を報道するかを自由に決めることですが、その情報を集めるのは憲法二一条の「表現の自由」の問題ではないとバッサリ切られるわけです。僕の頭の中にあるのは、「国家権力」です。国家権力のガードが堅くて取材活動ができないのはおかしい、見せてください、と言っても、憲法が認めるのは「取材の自由」であって、情報にアクセスさせるかさせないかは国家側の問題だという仕組みができていたのです。我々が主張する「知る権利」は「情報をよこせ」という積極的な権利ですが、憲法の「表現の自由」とは、「邪魔するな」という消極的な権利であり、即「よこせ」という権利には結びつかないと考える憲法学者がいる。何よりも「霞が関」はガンとしてそう考えているのです。

14　少し違う「メディアの知る権利」

これをどう攻略するかです。今、我々がいろいろな形で公権力に対して積極的に「ああせよ」「こうせよ」とサービスを要求する仕組みができてきています。典型的なのは、憲法二五条の「健康で文化的な最低限度の生活を営む権利」であり、国家に対し国民へのサービス、積極的な性質を持つ仕事を要求しています。そうした展開の中で、「表現の自由」を実体化する材料を集めることがいろいろな形で展開されてきた。それは、少なくとも政府に対してアクセスする権利があるということです。

それは、民主主義的の仕組みに関わるものだからです。マスメディアという特別の集団が「知る権利」について「犯罪情報を取材する自由がある」という意味で使うのとはかなり違うものです。マスメディアの「知る権利」については、別の理論を構築する必要があります。そうしないと、訳のわからないところで「国民の知る権利」という言葉が浮き上がり、それこそ資本主義的に利用されることもあるかも知れません。そういうことを理論的に構築していくのが我々の役割であります。簡単ではないが、公権力との対抗関係としての「アクセスする権利」は相当程度に説明できるはずだし、そこまで来たということ。それを推し進めるのは憲法の精神だと考えています。どうも、謹聴ありがとうございました。

15 「権利」と言っても権利にはならない

司会　非常に長時間にわたりまして、お話をいただきました。今のお話に関連した質疑をやりたいと思います。ご意見なり質問なり、いかがでしょうか。

女性　先生は、国家権力に対する「知る権利」と言われましたが、「知る権利」は国家権力に対するものだけなのでしょうか。また、「知る権利」ではなく、ただの『権利』というものは人間が本来持っているものと思うのですが。

奥平　例えば、「報道の自由」ということで報道機関は取材活動をします。しかし、少年法六一条に基づけば、少年本人が個人として識別できるような報道をしてはいけない。少年の保護育成のために大人と一味違った扱い方をするように、非行少年が誰かわからないように報道してくださいい、と報道側の表現を制限する規定がある。人には、人々に知られたくないという当然の生活要求がある。それをプライバシーといいます。ところが、新聞社側がおもしろおかしく報道するため、押しかける。そのような取材方法によって入手した情報を読者は喜んでくれる。それを、報道の人たちは「知る権利」と言ってくるわけです。選挙もそうです。私は選挙する権利があるが、その権利は、その住所に何ヵ月か住まなければならない、二〇歳以上でなければならないなどがあって、はじめて実現するわけです。外国からきのう来たばかりの人に選挙権を与えないというのは、一般的、抽象的なものではなくていろんな仕組みを作って遮断するわけです。国民の選挙権と簡単に言いますけれども、実は権利が権利であるためには、合理的ないろいろな制度の中で作られた仕組みの中で、はじめて「あなたに権利はあります」ということになるのです。

生まれながらにして人間には権利があるのなら、その権利とは何か。私には結婚する自由がある、私は同性愛の志向だから同性愛者と結婚する自由があるということを合理的に「権利」だと言えるには、ある種の理屈、ある種の制度がないといけない。哲学的に言うと、誰だって権利があるんだというとき、「生きる権利」があるとだけ言う。「生きる権利」にはいろんな中身があり、そこで「権利」と言っても何の話にもならない。ことほどさように世の中は難しいということであり、その部分を引き受けるのが研究者であるということなのです。それが権利か権利ではないかということを確定し、裁判所に持っていくには専門家がいる。「私」が「権利」と言っただけで、「権利」になるわけではないのです。

16 「知るのが楽しい」ではいけないの？

女性 「知る権利」を実体のあるものにしていく理論を構築するには、奥平先生が言われたことは非常に合理的と思いますが、私が情報公開に関わるようになった当初、それは憲法二一条と国民主権から引き出されると聞きました。でも、もっと単純に「知ることが楽しい」ということもあるのではないかと思います。私は九年前から、情報公開請求でいろいろ情報を集め、取捨選択して、自分のニュースを出しています。ただ、そこに載らないたくさんの情報も集めており、自分が知りたいという要求を満足させるという部分も大きいのです。今日の先生のお話を聞いて、そういうものは憲法一三条、幸福追求権から引き出されるものかなと思いました。

奥平　僕はさっき、憲法一三条のお話はしませんでしたが、一三条は、皆さんご承知のように個人の尊厳を語っています。個人の自由は、国政上最大限の尊重を必要とするという一般的な規定ですが、どんな権利だということは語られていない大雑把な規定です。しかし、人間の尊厳を保障することが根本的である、よほどのことがない限りは制限してはならない、「最大の尊重」とはそういうことなのです。そこから始まり、一四条は「法の下の平等」、一五条は「公務員は全体の奉仕者でなければならない」。さらに「思想及び良心の自由」「信教の自由」と並び、二一条に「表現の自由」、生存権、教育を受ける権利というふうに続く。それらのものは私的な権利、個人の尊厳というふうに考えられている。これは非常に大事なことなんですね。

人類の歴史に照らして、自由一般を保障するだけではなく、歴史的な経験に照らして大事なものの幾つかをピックアップしているのです。歴史的に言いますと、人類がこの世で個人として生きていく、あるいは社会との関係を持つ、国際的な関係を取り持つ、そういう共同体の中にある。人間が人間である以上は、人間の自然状態を前提として、なければならない「自然法」というものがある。文字で書かれてはいない、国王が作ったものではない、しかし自然的な法というものがある。中世の世界には立法というものがなく、国王が勝手なことをする。それに異議を申し立てるときに、何の第何条に基づいてとは言えないので、自然法は、取引の自由や交通の自由、結婚の自由などの人類共通の普遍的な法があるはずだという一種の信念から出発しているのです。これはヨーロッパだけにあった感覚で、日本の歴史に照らして、そんな自然法思想は残念ながらありません。

自然法思想によれば、自然法に基づく「自然権」というものがある。人間が人間である以上は、自然の状態の中で、人間である以上備わった権利というものがあるはずだという考え方です。「権利」であるにはどうあるべきかと中世の哲学者が議論し、国家は何でもできるわけではないという法思想ができた。それを背景に、近代になって自然権的なものを基本的人権とし、それをはっきりさせて文字に表したものが憲法です。「自然法」「自然権」は言葉として生きているが、本当にあるのかどうかは必ずしも問う必要はない。でも、封建時代に抑圧された人々が、社会の価値体系をひっくり返すにはそう考えざるを得なかった。「表現の自由」は、昔からこうした「自然権」と言われてきたものに根っこを持っているのです。日本国憲法以前でも、人間一般は、自然一般の中でどのような権利を持つかと考える理論を密かに語った人はいましたが、当時は、実定法のほうが強く、実定法の出版法や治安維持法ができてしまいました。

17 「プライマリーグッズ」という考え方

「プライマリーグッズ」という考え方があります。「グッズ」とは物、財産のことで、何が一番必要なのか、優先順位があるかという意味です。四～五年前に亡くなった米国の哲学者Ｊ・ロールズが述べたものです。人間として社会を高めていくには何が不可欠であり、それによって何をしていくべきかということから、権力の構造は民主主義以外に方法はないと述べた政治哲学書を書いたのです。自然権的な権利の中に、現代に生きる我々が必要なものとして「表現の自由」「信教の自由」があり、さらに、必要最小限の生きるに値するような財産や、公務員として就務する平等な請求権も、非常に限られた幾つかの第一次的な『グッズ』なのです。

「表現の自由」というものは特殊な性格を持っていると言えます。なぜならば、私は体操する自由がある、散歩する自由がある、空気を吸う自由があるという人間の活動の根元と同等に「表現の自由」があるというだけで良いのかということです。例えば、毎日散歩する道が交通規制で通れないことがあった時、非常に低いレベルの理由で散歩の自由は制限されます。便宜的に処理され、行政の仕組み上こうなっていますから、こうしてください、と従わされてしまう。タバコを吸う自由も、ヘビースモーカーは「これは人間の自由だ。自然権的に与えられている自由だ」と主張するでしょうが、残念ながら、この自由はプライマリーグッズには入らない。この自由と一味違った理由で「表現の自由」があることを、僕は何十年も汗水流して研究してきたのです。

「喫煙の自由」は簡単なところで制限されます。社会はどんどんそういう自由を制限し、根絶していこうとしています。「タバコを吸おうと、自殺しようと、極端に言えば殺人しようと自由だ」は、非常にハードルの低いところで制限されてしまう。ところが、「表現の自由」や「信教の自由」などは、すごくハードルを高くしているわけですよ。

最近、アメリカで、こういう主張が問題になりました。自動車の運行速度を五〇キロに制限する必要はない、この道路は六〇キロ、七〇キロで走ったほうがかえって安全で事故が減るし、エネルギーの節約になる。このことを主張するために、故意に規則違反のスピードを出すんだという議論です。「速度の自由」ではなく「表現の自由」で攻めていく。その種の議論はウンザリするほどあるんです。「スピードを出すことで法律の不合理さを表現する自由を奪うな」と言われても、皆さんなら「ちょっと待てよ」と考えるでしょう。「表現の自由」には当てはまらないということを言わなければならない。「表現の自由」を他の一般的な自由と同じように規制されてはいけないからです。その延長線上に「知る権利」があるわけです。

だが、これを言いだしたら、だんだん深みにはまってしまう。例えば、コンピュータの自由や著作権などです。コンピュータの世界には、今まで考えられなかった問題が次から次に出てきている。まだ問題化していない伏在している問題に対し、「表現の自由」という観念をどう活かすかです。それは、単に民主主義のためだけではない。自分が生きていくために何を知識として獲得し、それをどう表現するかという問題は、単なる個人の自由ではない、何かがあるから、ますます尊重されるべきだという議論をどう作っていくかなのです。

18　憲法論議の積み重ねを生かそう

男性　私たち「知る権利ネットワーク関西」は「知る権利」を憲法に明記することを目標にしてきました。今回の自民党新憲法草案を手がかりにいろいろ議論をしたのですが、もし憲法に「知る権利」を位置づけるとしたら、どんな感じになるのかお聞きしたい。

奥平　自民党の新憲法草案だけに言及してきましたが、民主党の憲法提言の中にも「新しい人権」というのがあります。国民の「知る権利」を憲法上の権利とし、行政機関や公共件を有する団体に対する情報アクセス権を明確にすると規定しています。このほうが楽だという考え方はあるわけですが、「知る権利」を現行憲法が規定していないために何が足らないのか、その足りない部分について憲法でどう規定したらよいのかという説明が必要になる。民主党には、憲法で何をどのように規定したら今まで不可能だったことが可能になるのかという点について、それこそ説明責任があると思います。こうした議論の背景には、憲法で規定しないものは権利ではない、という認識がある気がします。もしそうだと、現行憲法の枠組みの中で「知る権利」に取り組み、ある程度まで進めてきた、といった法制度の作り方を全部ご破算にして、「憲法改正でやればいい」ということになりかねません。憲法論として今までやってきたことをどう総括するのかという議論がないままですと、今まで積み重ねてきたことをバッサリ切って、あんた方のやったのは無駄だった、憲法と関係ないことをやってたよ、と語るに等しくなります。憲法で規定したら、サッと解決できるとは思えないわけですよ。

民主党案では、「新しい人権」の一番目に「知る権利」があり、五番目に、知的財産権を憲法上明確にするとある。「高度情報化社会により、情報の流通が多元化、複雑化している現在、新たな検討課題として『知的財産権』を整備する必要がある。知的財産権には著作上、芸術上の財産権の他、広く特許権や商標権なども含む考え方もある。こうした知的財産権も含めて、憲法上明確にして規定すべきである」と言う。でも、知的財産権はものすごい拡がりがあるわけですよ。これをどのように憲法で規定するかになると、ものすごく難しい。コンピュータが、これからどういうふうに発展するか、誰もわからない。憲法は単なるスローガンと思えばいいという感覚があるようですけれども、政治に関係する表現の自由を大事にしようという議論からかけ離れている。知的財産権の問題は、つまり「財産の自由」としての「表現の自由」なのです。「財産権としての表現の自由」を尊重することを前提に財産的価値を保障することが、知的財産権のポイントなのです。それは理念としてより、自分の財産を確保するのに傾いた形です。

極端にいえば、民主主義は関係ない。むしろ、著作権という知的財産権があるから邪魔してはいけない、日本ではほとんど議論になっていませんが、米国の書物を見ると、ウンザリするぐらい、著作権などの知的財産権のためにどれくらい市民の側の表現の自由が制限されているかという問題があります。こういう世界を横目で眺めながら、知的財産権を含めて「新しい人権」を広く憲法で保障しようという。自然権や自然法を出発点にずっと作られてきた「人権」と、情報化社会の中で「情報は財産である」と攻めてきている状況で、知的財産権を「人権」と呼ぶことで何を勝たそうとしているのか。僕たちが言うべきなのは、それは人間の尊厳にとってどう必要なのか、それが民主主義にとってどうなのか、我々が生きているコミュニティーにおいて、それが保障されなければならないのかという観点です。それらが抜け落ちた形の「新しい人権」が語られて良いのかということです。

司会 ありがとうございました。拍手でお礼を申し上げたいと思います。

第三章　「知る権利」を活用した私たちの運動

1 予防接種問題と情報公開

藤井俊介

1　なぜ、情報公開請求をしたのか

ワクチンは劇薬です。これを体内に入れると、発熱、けいれん、死亡、後遺症などの副作用が起こります。しかし、健康な子どもが、おそろしい感染症にかからないようにと接種する予防接種で、このような副作用が起こるのは詐欺に似た行為と言わざるを得ません。国は、接種を強制するのならば、予防接種は絶対に安全でなければならないからです。

ところが、一九八九年から始まったMMRワクチン（はしか、おたふくかぜ、風疹）の接種は、試験段階で一九件もの無菌性髄膜炎を起こしていながら、メーカー側は「ワクチンの副作用ではない」と決めつけ、国も、それを安全なワクチンとして子どもたちに予防接種を押しつけたのです。その結果、接種を受けた二五〇〇人〜六〇〇〇人に一人の割合で入院し、接種開始四年目で中止となった事件は記憶に新しい。国は、中止したMMRの代わりに、MRワクチン（はしか、風疹）の接種を二〇〇六年四月から始めましたが、このワクチンははたして安全なのでしょうか？

私は、MMRワクチンについて、厚生労働省に対する公開請求を二〇〇三年三月一一日に行いました。請求内容は「医薬品副作用感染症・症例報告書。ワクチン（はしか、風疹、おたふくかぜ）一九八二年以降」でした。だが、三週間余りを経た四月四日に担当官から電話があり、「請求された該当書類は膨大な量がある。年次を区切って請求してくれないか」と要請され、対象文書の年次を「一九九九年度」に変更しました。それでも、はしか一四件、風疹一〇件、ムンプス（おたふくかぜ）三一件、合計五五件もあることが判明しました。だが、厚労省側は、文書量が膨大（約一七〇ページ）であり、第三者情報が含まれるので、相当の部分については五月一二日までに開示決定をするが、残りの部分は七月一一日までに開示決定をする、というのです。

全文書の開示を求めても黒塗りの部分が多いだろうし、不開示への不服申し立ても必要になるでしょう。文書が膨大ならば、不服申し立てをしても決定までの期間が長引くばかりと判断し、はしか一件、風疹三件、ムンプス五件だけを選んで開示請求することにしました。しかし、これは失敗でした。九件については、不服申し立ての結果、情報公開審査会での審理を経て、ほとんど黒塗りの無いものが開示されました。しかし、この件が落着した後、残りの四六件を改めて開示請求すると、保存期間が過ぎ、四年以上前の文書は廃棄したとして入手ができなかったからです。

この九件の書類も、最初は黒塗り（不開示）だらけでした。確かに、重篤な症状であることは判断できますが、副作用の判断基準になるデータはほとんど黒塗りにされていたのです。私は二〇〇三年六月、厚生労働大臣に対し、不服申し立て（異議申し立て）を行いました。

２　情報非公開、ここが問題だ

私の不服申し立ての趣旨と理由を列記して説明しましょう。

①患者の年齢

ワクチン接種年齢は、重要なファクターです。現在、厚労省は、「定期接種」として、接種年齢を厳しく指定しています。指定年齢以外の年齢で接種し、副作用被害が発生しても、「任意接種」だという理由で予防接種法による救済対象にはなりません。それだけでなく、ワクチンによっては副作用多発年齢という要素もあります。例えば、種痘による副作用被害を認めた一九八五年の名古屋地裁判決でも、「初種痘年齢の引き上げが欧米諸国に比べて遅れたため、被害の増大を招いた」との判断もなされています。

②主な既往症、患者の体質等

副作用が起こりやすい体質や既往症歴は、重要な判断材料です。けいれん性体質は重篤な事故を起こしやすいという情報は、一〇年以上前から米国疾病管理センター（ＣＤＣ）が公表している。また、染色体異常のある人も事故多発の体質と言われています。

③病歴の年月日、副作用・感染症の発現状況、症状及び処置等の経過

接種後何日目に発症したかも重要なデータです。厚労省は、一九七〇年以来、不活化ワクチンは接種後三日以内に発症する、生ワクチンは同四日以後に発症するという原則を崩そうとしておらず、多くの裁判の争点になっています。発症後、どのような経過をたどるのか、またどのような処置が取られたのかは、親にとっても、医療関係者にとっても、重大な関心事です。

④転帰

副作用発症の結果、亡くなったのか、命を取り留めたのか、人間にとって、これほど重要な情報はありません。

⑤担当医などの意見

無論、重要なデータである。

⑥報告企業の意見

ワクチンに関連する企業は、それで経済的な利益を得ています。それだけに、子どもの命や健康を食い物にして利益を得ていると言われないためにも、事故防止に特段の誠意を示す必要があります。その努力の程度を知り、どこのメーカーのワクチンが安全かが判断できるようにするのは、接種させる親として当然の権利です。

⑦総論

予防接種は言うまでもなく、健康な子どもを恐ろしい感染症から守るために劇薬を接種する医療行為です。これによって健康被害を受け、重度障害者になったり死亡したりすれば、何のための予防接種か、ということになります。それでも、本当に恐ろしい感染症で毎年何万人も死亡するというものならば、情状を酌量できる余地はあります。だが、社会の衛生状態が向上し、子どもの栄養状態も良好で免疫力も高まっている現在の日本で、予防接種を行っている感染症の死者は二桁以下のものばかりなのです。厚労省は「予防接種の副作用で事故に遭うのは一〇〇万人に一人」といいますが、事故に遭う本人にとっては一〇〇%の確率です。厚労省の認定でも、死亡あるいは重篤な被害者は毎年、四〇～五〇人を数えています。

だが、厚労省は、「個人が特定されなくても、公にすることにより、なお個人の権利利益を害するおそれがある」と言いますが、情報公開法第七条には「公益上の理由による裁量的開示」という項目もあります。本来、これらの情報は、政府が積極的に収集し、積極的に国民に公告すべきものです。そして被接種者の親に対し、接種するか、しないかの判断資料を提供するとともに、事故を少しでも減らすように努力する。それが国民の命を守る、公務員の責務のはずです。速やかに、請求部分の開示をしていただきたい。

3　ほとんど黒塗り無し

国の情報公開審査会の答申に基づき、私の元に厚労省から決定書が送られてきたのは、二〇〇四年一二月。決定書は、「年齢」「主な既往症・患者の体質等」「副作用・感染症の発現状況、症状及び処置の経過・年月日」「転帰」「担当医等の意見」及び「報告企業の意見」「ロット番号」を開示する、というものでした。

〇五年一月、ほとんど黒塗りのない開示文書を受け取ることができました。その情報の内容は、例えば、「一九九九年六月二七日にビケン（注・製薬会社名）製の乾燥弱毒性麻疹ワクチンを接種した三歳児。けいれん体質。七月二日に三八度の発熱で病院に入院した」というものでした。これだけのデータから、全国で一二〇万人もいる三歳児の中から、この子どもを特定できるのでしょうか。そして、「特定の個人が識別できることはできないが、公にすることにより、なお個人の権利利益が害されるおそれがある情報」（情報公開法第五条第一号）とどうして確認できるのでしょうか。その内容は極めて公益性が高い、子どもの命や健康に関わる問題です。「おそれがある」といった極めて主観的な言葉は、情報公開のような官と民とのせめぎ合いの場を律する法律としては不適切です。この条項を多用すれば、官は多くの情報隠しができます。情報公開法が見直される次の機会に際しては、是非ともこの条項の改定を行うべきであると考えます。

２　「いのちと健康」と情報公開

関西労働者安全センター事務局次長　片岡明彦

１　全国安全センター情報公開推進局

情報公開法が制定されることが明確になったころ、「これでようやく」という期待と「ほんとうにありがたい」という情報公開運動の活動家の方々への感謝の気持ちでいっぱいでした。それまでは旧労働省の悪名高き秘密体質。今でもあまり変わりませんが、とにかくひどいものでした。

私たちは労災、職業病を課題としています。労働行政は国のものです。したがって、活動に役立つ基礎的情報は多くを国が独占しています。統計情報、膨大な通達、事務連絡など。実にこっけいですが、何かをしようとするとき必要な行政一次情報を得ることは、情報公開法以前はまず不可能でした。肝心な情報を入手することにどれほど多くの時間が費やされていたかと思うと、ぞっとします。

しかし、情報公開法の施行によって状況はかなり変わりました。文字通り画期的、とも言える変化でした。当時、うれしくなって三〇〇円の印紙をまとめ買いしたものです。とにかく、それまでが悪すぎました。たとえば、このように変化しました。

情報公開法「前」――
私たち「労働省がおこなわせている委託研究とリストを示していただきたい」
労働省「そのようなものはございません」
それが情報公開法の制定後は――
私たち「委託研究のすべてを示せ」
労働省「前は「ない」と言っておけばよかったんですが……、はいこれです」
あるいは、
情報公開法「前」――
私たち「労災、職業病の認定状況について資料をもらいたい」
労働省「……」
情報公開法「後」――
私たち「労災、職業病の補償についてのすべての資料を出せ」
労働省「たくさんある、あるものは、情報公開でなくても、情報提供で出しますから」

「へー、こうなってるんや」「なんじゃ、これは」というわけです。私たちの間でも最初は、情報公開請求をすることは、一部のマニアがすることのように見られていましたが、今では当たり前の道具になったのではないでしょうか。

そして、こうして得られた情報、ノウハウを一カ所に集中し、安全センター関係者のみならず、誰でも（行政側の人間でも）利用可能にするためにつくったのが「全国労働安全衛生センター連絡会議情報公開推進局」とそのホームページです。（http://www.joshrc.org/~open/）

ＨＰ管理を担当しているのは、榊原悟志氏。彼はおそらく日本で最も情報公開に通じている社会保険労務士です。メールマガジンを随時発行しており、榊原氏を中心に労働、安全衛生関係の情報公開を進めています。

2　アスベスト問題と情報公開

クボタショック以前、肺癌、中皮腫という石綿関連職業癌の年度別、都道府県別の労災補償状況がようやく開示されるようになりました。しかし、どこの事業場で被害が発生しているのかについては一切秘密にされていました。ニチアスやクボタなどは恐らく認定件数は多いだろう、という「想像」しかできませんでした。

石綿関連癌は潜伏期間も長く、患者・遺族がアスベストが原因と気がつかないことが多いのです。相談に来られたときにはすでに、労災補償請求権が時効で消滅していた事例が目立っていました。毎年の厚生労働省交渉で「時効の取扱いを改めろ」と要求し続けていましたが、厚労省は「できない、情報の周知を図って参りたい」とまるで他人事であるかの返事に終始していたのです。

二〇〇五年六月二九日の毎日新聞夕刊で、クボタが尼崎市の旧神崎工場内部で多数の石綿被害者を発生させ、周辺住民の中にも五名の中皮腫患者が確認されていることが大きく取り上げられました。私たち関係者は、三月の終わりころから、周辺の中皮腫患者の件でクボタに話し合いを申し入れ、その過程でこの報道内容の事実などを知りました。クボタとの交渉を進めながら事実の公表のタイミングをはかっていたところのスクープでした。

それから二年、クボタに救済金支払いを求めた患者、遺族は一〇〇名を超えて増え続けています。「工場内部の被害がもっと早く公表されていれば」周辺公害も早く察知でき、被害者対策も迅速に進めることができたのではなかったか？　といつも考えます。

これは、尼崎だけ、また周辺公害に限ったことではありません。大量のアスベスト報道に接した石綿労災被害者からの労災申請も爆発的に増え、クボタショック後の労災事案認定件数は二〇〇〇件を超えました。クボタ前の認定件数の三倍以上がわずか二年足らずで労災認定されたのです。私たちが何度も厚生労働省に指摘した時効事案件数も驚くべき件数にのぼることが確認されました。

クボタショックから一ヶ月後の二〇〇五年七月末、厚生労働省は過去に労災認定者を出した事業場名を労基署別に公表しました。私たちやマスコミの要求もありましたが、行政内部からの強い要求もありました。たとえば、尼崎市はクボタショック直後から相談窓口を設置したところ、中皮腫・肺ガン患者、家族、遺族からの相談が殺到しました。市内だけではなく、かつて尼崎に住んでいた遠隔地の中皮腫患者などからの問い合わせも多数含まれていました。

こうした事態に驚愕した尼崎市は、尼崎労働基準監督署に対して当然、情報を求めました。クボタはもちろんそのほかにもどこで石綿被害を出しているのかなどの情報を求めましたが、尼崎労基署、兵庫労働局は情報提供を拒んだということです。そして尼崎市は国に情報提供を強く求めました。こうしたこともあり、厚労省は労災認定事業場名を公表せざるを得なくなりました。

クボタショックの最も重要な点の一つは、こうした石綿被害に関する情報公開、企業による情報開示にありました。旧労働省、厚労省が労災認定事業場名を従来から公表していたならば、各企業が情報開示していたならば、石綿被害の実態が世間から隠蔽されることもありませんでした。周辺被害についてももっと早く救済対策がとれたはずです。

3　自治体に対しても情報を隠す国

二〇〇六年石綿救済法が施行され、過去そして現在の中皮腫被害者にわずかではありますが救済金が支給されるようになりました。しかし、救済を申請する遺族すらすでにこの世にいない、救済されない「被害」は膨大な数になっていました。たとえば過去の中皮腫全体に対する救済率は、どう多く見積もっても四割にも届かないと試算されています。

石綿対策と救済の遅れを国は本気では反省していません。その証拠に、クボタショック以降の労災認定事業場名の公表を拒んでいます。二〇〇〇件を超える膨大な認定事案について、どこで被害が出ているのかを明らかにしようとしていないのです。厚労省担当者は「事業場名を公表すると事業主の協力が得られなくなるおそれがあり救済に支障をきたす」などと話しているそうですが、被害の大きさがこれ以上世間に知られないようにしたい、沈静化させたいという本音が透けて見えます。

また、労災以外の被害救済をおこなっている石綿新法による中皮腫、肺ガンについての認定情報を、所轄の環境省は個人情報保護を理由に各市町村に知らせていません。たとえば、尼崎関連の認定事案の情報が一切尼崎市に伝えられていないのです。中皮腫は石綿以外の原因はまず考えられません。したがって、石綿被害の基礎情報として非常に重要なのです。

国から自治体に伝えられていないのは石綿新法による認定情報だけではありません。中皮腫死亡にかかる市町村別情報も、統計法を盾に厚労省は各市町村に伝えていません。

被害情報が市民、マスコミに支障なく情報公開されることの大切さを、多大な犠牲によって証明したのがクボタショックであり今日のアスベスト問題の核心でした。しかし国の姿勢はあまり変化していないのです。

いのちと健康、安全にかかわる課題における情報公開は、文字通り「いのちにかかわる」ものです。あきらめないで努力を続けたいと思います。

3 インタビュー「見張り番」は情報公開をどう使ったか

「見張り番」代表世話人　松浦米子
（聞き手　野村孜子）

「情報公開」と言えば、交際費や食糧費、「視察」に名を借りた議員の観光旅行、職員のカラ出張といった、公務員の不正支出を監視するツールとして威力を発揮しています。そうした活動を長年組織的に続けて大いに成果を上げているのが、大阪市を拠点とする市民グループ「見張り番」です。代表世話人の松浦米子さんに、グループの活動における「情報公開」の役割について聞きました。

――「見張り番」は、いつどのような経緯で発足したのですか。また、メンバーはどのような構成ですか。

松浦　一九八九年一一月に、大阪市の公金詐取事件が発覚しました。それをきっかけに、翌年（一九九〇年）の一月二七日、大阪弁護士会館六階ホールに怒れる市民ら約二〇〇人が集まり、「市役所見張り番」と命名して誕生しました。

その一〇年前に弁護士や公認会計士、司法書士など有資格者による「市民オンブズマン」が発足しており、「市民オンブズマン」のメンバーの呼びかけで市民が集まったものです。その後、活動の対象を大阪府など大阪市以外の自治体にも広げたので「市役所」を取って「見張り番」になったのです。

公金詐取事件は、最初に報道されたのは財政局財務課長代理が、架空の口座をつくってそこへ搾取した公金、約五〇〇〇万円もプールしていたことでしたが、一部議員らが高級クラブなどで連日飲食・接待を繰り返し、市の食糧費や交際費を予算の約二・五倍を違法に支出していたことがわかりました。市民に住民監査請求に加わるように呼びかけると、約二〇〇人から申し出があり、この中から若手弁護士らと共同して住民監査請求を行ったり、会費の徴収・管理など実務を分担したりする役割を担う約三〇人を選び、組織的に不正疑惑を追及していく態勢を整えてスタートしました。

――これまでの活動で情報公開の果たした役割はどのようなものですか

松浦　飲食・接待の実態を検証するため、市の食糧費や交際費の支出関係文書からそれらに関する資料を情報公開請求で入手しました。しかし、その当時は、肝心の宴会参加者の氏名や肩書きが墨塗りの非公開でした。このため、非公開を取り消して公開するよう求める訴訟を起こす一方、さらに、住民監査請求や住民訴訟を提起していくという方法で市の不正支出を追及していきました。

市役所内からも数多くの内部通報があり、それらの情報を確認するために、関係資料を公開請求し入手するという方法もとりました。まさに、行政監視活動と不正の是正の取り組みの「車の両輪」として、情報公開が大きな役割を果たしてきました。

――最も役に立ったのは、どのようなケースでしたか。

松浦　食糧費の違法な支出の返還を求めた住民訴訟や、市職員に超過勤務手当を一律に支給していたことの違法性を問う住民訴訟で、情報公開請求で入手した書類から職場の実態が見えてきました。大変役に立ったのですが、次第に公開請求されることを前提にした、見た目では、不備のない辻褄のあった行政文書が作成されるようになったのです。つまり、文書を見ればすぐに不正がわかるといった文書が少なくなり、単独の文書では真相がわかりにくくなっています。そのため、他の資料などと組み合わせて確認する必要が生じ、次第に私たちの調査のしかたも複雑になってきました。例えば、カラ超過勤務手当の問題などがそうです。超過勤務命令簿の公開請求だけでなく、出勤簿や出張関係資料など、あるいは職員からの内部告発情報などと照合することによって、定時に帰宅している日に超過勤務届けをだしていること、実際の超過勤務時間より多く水増しされていることなど、矛盾を見つけることになりました。

――大阪市や大阪府などの自治体に対して、情報公開の制度や運用の面で改めてほしいと思うことはありますか。

松浦　「個人が識別できる情報」という理由で非公開にされることが多くなりました。また、業者の利益を保護するという解釈が幅広く認められてしまい、不正を発見することを妨害しています。すでに完了した工事の単価などは公開すべきと考えます。

また、個々の公務員に関する情報が、「個人識別情報」に加えて「個人情報保護」を理由にして非公開にすることが多くなりました。自治会などの地域団体名簿では、地域住民の住所や電話番号などが公表されていますが、掲載される側の地域住民には確認もとらずに名簿を作成しているのです。その一方で、公務員の住所などは空欄になっていたり、公務員と住民との扱いが大きく異なるところなどは改めてほしいと思います。

また、インターネットのホームページに掲載したり、役所を訪ねると情報提供してくれたりする「公開用」の資料と、そうではない公文書を区別して作成しているのではないかと感じています。「公開用」の資料を市民に提供する場合でも、相手を見るというか、個人差があると感じています。一般的に情報を求める市民に対しては、のっけから「非公開」「不存在」を通知する場合でも、ある程度内容に精通している市民や押しの強い相手には「別の部署に聞いたらあった」とか「倉庫を探したらあった」などと、一度「無い」といった資料が後に公開されることもあって、不公平感や行政に対する不信がなかなか払拭できません。「市民の情報は市民のもの」ということを徹底してほしいですね。

――これまでの「見張り番」の活動を通して、情報公開に対する思いを聞かせてください。

これまで話してきましたように、公開条例が出来てから多くの情報を手に入れることが出来ました。これは前進と言っても良いかもしれません。しかし、依然として進んでないものも数多くあります。

情報の中身には、「深い、浅い、広い、狭い」等々がありますが、市民にとっては深く広い部分こそが知りたく、また知らねばならないことが多いのです。そのためにも私たちは「市民の知る権利」を確立するためにあらためて「知る権利とは何か」を情報公開をとおして問いかけていきたいと思っています。

――ありがとうございました。今後益々のご活躍を期待しています。

資料編

①自民党新憲法草案　第二十一条の二

【日本国憲法】

（表現の自由）

第二十一条　集会、結社及び言論、出版その他一切の表現の自由は、これを保障する。

②　検閲は、これをしてはならない、通信の秘密は、これを侵してはならない。

【自由民主党　新憲法草案】

（表現の自由）

第二十一条　集会、結社及び言論、出版その他一切の表現の自由は何人に対しても保障する。

2　検閲は、してはならない。

（国政上の行為に関する説明の責務）

第二十一条の二　国は、国政上の行為につき国民に説明する責務を負う。

②自民党新憲法草案の「知る権利」についての見解及び要望書

二〇〇五年一一月　　日
日本放送協会　御中
民間放送連盟　御中
マスコミ倫理懇談会全国協議会　御中

知る権利ネットワーク関西　　代表　熊野実夫

二〇〇五年一〇月二八日、自民党が新憲法草案（以下、「自民草案」）を発表しました。これに関して一部の報道機関が、自民草案が国民の知る権利など新しい権利を盛り込んだと表現しています。しかし、自民草案の内容を読むかぎり、国民の知る権利はどこにも表現されておりません。一部報道機関が自民草案に「知る権利」を盛り込んだとする記事を「知る権利」の確立のために運動をしてきた私たちとして見過ごすことはできないと考え、以下に見解をまとめました。

■自民草案の内容
自民草案で「知る権利」を盛り込んだとされるのは、第二一条の二（国政上の行為に関する説明の責務）で、「国は国政上の行為につき国民に説明する責務を負う。」と規定していますが、「国民の知る権利」はどこにも規定されていません。

■国民の「知る権利」と国の「説明する責務」は、まったく違う概念である

説明する責務とは「知る権利」を保障するための一要素ではありますが、必ずしも「知る権利」をうたったものではありません。一方「知る権利」は、国家という枠の中での国民主権のみならず、自然人としての人が人として人生をまっとうに生きていくには、あらゆる情報が自分の身の回りに自由に飛び交っていて、ほしいときは容易に手に入り（米国の「情報自由法」の名前の由来）、それをもとに自分の考えを人々に自由に伝えることで、人が人らしく生きられるという、そういう基本的な人権上の権利のことを指し、概念としては極めて広いものです。

■基本的人権として保障されるべき

情報公開法には第一条（目的）に「政府の有する諸活動を国民に説明する責務」とあります。それは、現憲法に知る権利が明記されていないことを理由に「知る権利」を盛り込まなかったのです。一方、自治体の情報公開条例制定の過程では、「知る権利の保障」といった表現を条文に盛り込むかどうかが論点になり、実際に「知る権利」を公開条例の前文や目的に明記している自治体もあります。そして国の情報公開法は「国民主権の理念にのっとり」という形ながら、すでに情報公開請求権を憲法上の権利として位置づけています。したがって、自民草案に「知る

権利」を盛り込んだとするなら、法律（情報公開法）の範囲内ではなく、自民草案にもそれを「明記」すべきです。

■「知る権利」は、国の説明の操作を封じるものである

国政について説明する責務とは、情報の伝達であります。情報の伝達はその目的において情報の受け手への働きかけであり、常にそこに操作性が伴うことはやむを得ません。説明すべき事項の選定、説明の程度、表現の仕方等、説明者の恣意性が入りやすいものです。また、国の不作為については、説明されなくとも仕方が無いという面も持っています。この説明者（国）の説明の操作を封じるのが「知る権利」なのです。「説明する責務」は、いわば上からの施しものであるのに対し、「知る権利」はエンホースできる権利です。

■「知る権利」は憲法で保護されるべき

現行憲法は、国民を主権者としています。自民草案でもこの点に異なるところは無いはずです。主権者とは、統治されるものではなく、自ら統治するものです。自ら統治するには、統治に欠くことのできない情報が必要となります。それを可能にするのが「知る権利」なのです。国民を主権者とする限り「知る権利」は憲法上において保護される権利とされる必要があります。

■報道機関は「知る権利」に敏感であるべき

以上のことから、自民草案の内容は「知る権利」を盛り込んだというにはあまりにも不十分で、現行憲法より進んだとはとても言えません。ところが、今回の報道の多くは、憲法九条への関心が高かったとはいえ、知る権利等への報道機関としての独自の見解はまったく見られないばかりか、一部の報道機関は、骨子に「知る権利」と記載、また記事中に「知る権利」を規定したなどと表現しています。「説明する責務を負う」という条文を、なぜ「知る権利」を盛り込んだと読んだのか理解に苦しみます。

「知る権利」についてもっと知識を深めるべきだと思います。

■報道機関の役割を果たすべき

自民草案の知る権利に関する報道が、「知る権利」を盛り込んだと誤った読み方をして、「知る権利を明記した」とか「規定した」とかの記事を掲載したことは、国民の判断を誤った方向に導くという意味で、報道機関の「ミスリード」と言わざるを得ません。憲法改正は国の最高法規をつくりかえる大事業であり、正確な事実認識に基づき時間をかけて議論すべきものです。報道機関は自民草案が必ずしも「知る権利」を盛り込んだものではないことを指摘し、批判してこそマスコミとしての役割が果たせるものと思います。

一日も早い「ミスリード」の解消を要望します。

以上

③二〇〇五年一一月に各新聞社に送った「質問書」

質問書

前略失礼いたします。

私たち「知る権利ネットワーク関西」（以下、本ネットワークという）は、情報公開制度の発展を目指して関西で活動する市民たちが集まり一九八八年に発足したグループです。以来、今日まで、多くの自治体の情報公開条例や国の情報公開法における「知る権利」の確立のために微力ながら努力してまいりました。

今回、自民党が新憲法草案（以下、自民草案という）を発表しましたが、御社は憲法二一条の二の「国の説明する責務」を「骨子」「ポイント」「見出し」等に「知る権利」という文言で表現されています。また記事には「知る権利」を規定したという文言も見られます。昨年発表された自民党の「憲法改正のポイント」の中に「三、新しい時代に即した『新しい人権』を」の「（一）知る権利『従来、知る権利は表現の自由を支える基礎的理念と理解されていた』しかし『情報化社会の進展に伴い「政府情報の開示を請求する権利」ととらえられ、とくに行政機関の有する情報の公開を積極的に請求していくという側面が重視されるようになりました』とありますが、今回発表された自民草案は、それに代えて二一条の二に「国政上の行為につき国民に説明する責務」を規定したものと思われます。著しく後退したものと考えざるを得ません。御社は、どのような観点に立って「国政上の……国民に説明する責務」つまり国の責務を「国民の権利」と同一のものと考えられたのでしょうか。

本ネットワークは、別添資料（自民党新憲法草案の「知る権利」についての見解及び要望書）に述べたように、自民草案に「知る権利」が盛り込まれたと考えることは出来ません。

つきましては、御社がなぜそのような見解、表現をされたのか、お考えをお示しください。

なお、まことに勝手ながら、一一月末までにご回答くださるようお願いいたします。

④奥津茂樹さんが新聞社に送った投稿

自民党新憲法草案
知る権利の「偽装表示」
私たちは知る権利の確立をめざして、長く情報公開法の立法運動を続けてきた。この立場から、自民党の新憲法草案に知る権利が盛り込まれると聞き、多少に期待をしていた。しかし、読んだとたんにがっかりした。

自民草案で「知る権利」とされる規定は、第二一条の二（国政上の行為に関する説明の責務）である。そこには「国は国政上の行為につき国民に説明する責務を負う。」と書かれている。しかし、これは知る権利ではない。

責務を字句どおり「責任と義務」とする解釈もある。しかし、情報公開条例や個人情報保護条例など、条例における責務規定は「努力義務」として解釈・運用されている。きちんと説明するか否かは、責務を負う側の裁量に委ねられている。責務を果たさないことへの社会的批判はあっても、法的な制裁はない。

仮に責務を法的な義務だとしても、これに対応すべき権利が明記されていないのだから不十分と言わざるを得ない。こうした「説明責務」の規定から保障されるのは、反射的利益としての「知る権利」でしかない。ちなみに、反射的利益とは国の恩恵や政策により供与されるものであり、人が生まれながらにして持つ権利とは違う。

結局、「説明責務」は国のあり方を定めるだけで、一人ひとりの人権を保障するものではない。そのため、国が十分な説明をせず、個人が不満に思っても、泣き寝入りするしかない。

真に知る権利を保障するならば、自民草案の第二一条（表現の自由）のように、「何人に対しても保障する」と簡潔に規定すべきだった。それにもかかわらず、「説明責務」というわかりづらい規定にした背景には、情報公開法の存在がある。

この法律は第一条（目的）に知る権利の保障を明記せず、「政府の有するその諸活動を国民に説明する責務」との表現を盛り込んだ。これは、自民草案の規定ぶりと酷似している。

情報公開法に合わせて憲法の条文を規定したことは、自民草案における権利保障が「先祖がえり」したことを意味する。「先祖」とは大日本帝国憲法だ。その下では法律の範囲内でしか「臣民の権利」は保障されなかった。情報公開法の範囲内でしか知る権利を認めないのであれば、自民草案が保障したのは「新しい人権」などではなく、実は古いタイプのものだといえる。

知る権利を明記していない情報公開法のように「こころざし」の低い法律や現状に合わせるのであれば、憲法改正の意味はない。新憲法が知る権利を明記して、情報公開法の不備を修正させる機会となるなら、憲法改正の必要性を理解できる。しかし、他の規定を含めて、自民草案は理念なき現状を追認する傾向がみられる。そうした憲法改正は百害あって一利なしだ。

責務という言葉を使って、あたかも新しい人権を保障したかのように、「偽装」したのは、環境権も同じである。自民草案をよく読み、考えれば、権利保障とはいえないシロモノであることがわかる。食品や温泉と同じで、表示にふさわしい中身がないのだから「偽装表示」といわざるを得ない。

憲法改正は国の最高法規をつくりかえる大事業である。その要否を含めて、正確な事実認識に基づき、時間をかけて議論しなければならない。マスコミだけでなく私たち自身も、「偽装表示」を見抜けず、判断を誤る失態を繰り返してはならない。

（「ＮＰＯ法人情報クリアリングハウス」常務理事）

あとがき

知る権利ネットワーク関西　事務局長　野村孜子

「知る権利ネットワーク」は一九八八年に発足しました。それぞれ独自の課題に取り組む個人や団体を、情報公開という問題に絞って結ぶネットワークです。

そのネットワークに二〇〇五年一〇月末、事件が起こりました。それは、自民党が新憲法草案に「知る権利」を盛り込んだ、と報道されたことです。私たちにとって、この報道はまさに「事件」でした。それをきっかけに、グループの名前にもなっている「知る権利」について認識を新たにし、これまでの活動を踏まえて出版しようということになりました。実は、この年に「田尻宗昭賞」という賞をいただき、その賞金の使い道も考えていたこともあります。

二〇〇六年秋の総会に奥平康弘先生を招いて「知る権利」について講演をしていただきました。奥平先生は、「知る権利」についてきめ細かく丁寧に述べておられます。講演の中では直接には触れられていませんが、『新設したという憲法二一条の二「説明する責務」は、文章上いかなる意味でも「権利」保障の規定ではなく、単に「政策」を述べる性質のもの』ということが良く分かると思います。

他の執筆者は、知る権利ネットワークの会員や、友好団体として、熱心に情報公開に取り組んでいる人たちの奮闘記録です。他に、様々な分野で国や自治体に情報の公開を求めて活動している会員たちがいますが、残念ながら紙面の都合などで今回執筆できませんでした。私たちの運動は、まさに「知る権利」を勝ち取るための行動に他なりません。「知る権利」は私たち自身が行動して初めて勝ち取るものではないでしょうか。このブックレットが、情報公開に取り組む多くの人たちに勇気を与え、そして役立つことを願ってやみません。

今回のブックレット発行に際して、交渉、校正等々、陰ながら応援していただいた方々、また、厳しい当会の台所事情に最大の理解をいただいた花伝社の皆様に、会員一同お礼申し上げます。

末筆ながら「はしがき」を書いた「知る権利ネットワーク関西」の代表、熊野実夫が、二〇〇七年四月五日に亡くなりました。今や全国各地にある市民オンブズマンの元祖、大阪の「市民オンブズマン」を立ち上げたメンバーの一人であり、この本の企画でも自ら「目次案」等を作成し、その完成を心待ちにしていましたが、残念ながら「はしがき」と、未完成の原稿のみが遺されました。「はしがき」に託した代表のメッセージを汲み取っていただければ幸いです。

編　著　知る権利ネットワーク関西

連絡先　〒590-0072
大阪府堺市堺区中向陽町2-1-4　野村孜子方
TEL・FAX 072-232-8398
HP http://www.t-expo.info/axs/

「知る権利」と憲法改正

2007年7月12日　　初版第1刷発行

編著者　　知る権利ネットワーク関西
発行者　　平田　勝
発行　　花伝社
発売　　共栄書房
〒101-0065　東京都千代田区西神田2-7-6 川合ビル
電話　　03-3263-3813
FAX　　03-3239-8272
E-mail　　kadensha@muf.biglobe.ne.jp
URL　　http://kadensha.net
振替　　00140-6-59661
装幀　　神田程史
イラスト　笹岡亮司
印刷・製本　中央精版印刷株式会社

ISBN978-4-7634-0497-8　C0036